LIBRO OPERATIVO PER BAMBINI CON DISTURBO DELLO SPETTRO AUTISTICO

Formato XXL a Colori per Migliorare la risposta cognitiva e le abilità sociali dei bambini

Copyright © 2023 – LittleLearnersLoom
Tutti i diritti riservati.

Questo documento è orientato a fornire informazioni esatte e affidabili in merito all'argomento e alla questione trattati. La pubblicazione viene venduta con l'idea che l'editore non è tenuto a fornire servizi di contabilità, ufficialmente autorizzati o altrimenti qualificati. Se è necessaria una consulenza, legale o professionale, dovrebbe essere ordinato un individuo praticato nella professione.

Non è in alcun modo legale riprodurre, duplicare o trasmettere qualsiasi parte di questo documento in formato elettronico o cartaceo. La registrazione di questa pubblicazione è severamente vietata e non è consentita la memorizzazione di questo documento se non con l'autorizzazione scritta dell'editore. Tutti i diritti riservati.

Le informazioni fornite nel presente documento sono dichiarate veritiere e coerenti, in quanto qualsiasi responsabilità, in termini di disattenzione o altro, da qualsiasi uso o abuso di qualsiasi politica, processo o direzione contenuta all'interno è responsabilità solitaria e assoluta del lettore destinatario. In nessun caso qualsiasi responsabilità legale o colpa verrà presa nei confronti dell'editore per qualsiasi riparazione, danno o perdita monetaria dovuta alle informazioni qui contenute, direttamente o indirettamente.

Le informazioni qui contenute sono fornite esclusivamente a scopo informativo e sono universali. La presentazione delle informazioni è senza contratto né alcun tipo di garanzia. I marchi utilizzati all'interno di questo libro sono meramente a scopo di chiarimento e sono di proprietà dei proprietari stessi, non affiliati al presente documento.

QUESTO LIBRO APPARTIENE A

NOME: _____
COGNOME: _____
ETÀ: _____
LUOGO DI NASCITA: _____
CARTONE PREFERITO: _____
DOLCE PREFERITO: _____
COLORE PREFERITO: _____

ELENCO ESERCIZI BASE

INSERISCI IL NUMERO DELLA FIGURA CORRISPONDENTE

TRACCIO LE MIE PRIME LETTERE

TRACCIO I MIEI PRIMI NUMERI

COLLEGA I COLORI SENZA INCROCIARE LE LINEE CORRISPONDENTI

SCRIVI LA LETTERA DELL'ALFABETO CHE VIENE PRIMA

SILLABE IN RIMA (LEGGI LE PAROLE E COMPILA LE SILLABI MANCANTI)

COLORA LA SILLABA GIUSTA

COLLEGA CON UNA LINEA LA SILLABA ALL'OGGETO

COMPLETA LA FRASE CON LE SILLABE MANCANTI

SCRIVI LA LETTERA DELL'ALFABETO CHE VIENE PRIMA

COLORA LE SILLABE CHE FANNO PARTE DELLA PAROLA

ELENCO ESERCIZI AVANZATI

EVIDENZIA LE SILLABE CHE COMPONGONO IL NOME E RISCRIVILE NELLO SPAZIO TRATTEGGIATO

GIOCHIAMO UN PO CON I NUMERI! TROVA IL GIUSTO NUMERO DI OGGETTI E SCRIVILO NELLO SPAZIO DEDICATO

ELENCO ESERCIZI AVANZATI

COMPLETA LE PAROLE CON LE SILLABE MANCANTI

COLORA L'INIZIALE DEL NOME DELL'ANIMALE O DELL'OGGETTO

RIORDINA LE SILLABE E FORMA LA PAROLA CORRETTA

TROVA LA PAROLA CORRETTA E SCRIVILA NELLO SLOT IN BIANCO

COMPLETA LE PAROLE UTILIZZANDO LE SILLABI NEL MODO CORRETTO

SERVE IL TUO AIUTO

RIORDINA LE SILLABE NEL MODO CORRETTO

TROVA LE SILLABI MANCANTI

COMPLETA IL NOME E IL DISEGNO

TROVA IL NOME DELL'OGGETTO NELLA ZUPPA DI SILLABI E POI DISEGNALO

BONUS + CERTIFICATO

PRIMA FRASE MOTIVAZIONALE DA LEGGERE AL TUO BAMBINO
(SOSTITUIRE GLI SPAZZI CON ...... INSERENDO MAMMA-PAPA-ZIA O CHI LEGGERÀ IL TESTO)

AMORE DEL/LA ...... , VOGLIO CHE TU SAPPIA QUANTO SEI UNICO/A E SPECIALE PER ME. PER QUESTO NON DEVI SPAVENTARTI PERCHÉ IO SONO A TUO FIANCO PER AFFRONTARE INSIEME A TE LE SFIDE CHE POSSONO SEMBRARE DIFFICILI, QUINDI RICORDA CHE NON SEI SOLO E PUOI CONTARE SUL MIO AIUTO.

OGNI GIORNO VEDO QUANTO CRESCI E QUANTO CORAGGIOSO/A SEI. LE TUE SFIDE RENDONO IL TUO VIAGGIO UNICO, MA TI RENDONO ANCHE PIÙ FORTE E PIÙ CORAGGIOSO/A DI CHIUNQUE ALTRO. RICORDA CHE CIÒ CHE IMPARERAI DA ORA IN POI TI FARÀ DA BASE PER IL TUO FUTURO.

QUESTO LIBRO DI ESERCIZI HA GIÀ AIUTATO MOLTI BAMBINI COME TE PERCHÉ TUTTI GLI ESERCIZI SONO UTILI AL TUO APPRENDIMENTO!
TI AUGURO UN BUON PERCORSO DI APPRENDIMENTO E RICORDA CHE SONO SEMPRE A TUO FIANCO.

INSERISCI IL NUMERO DELLA FIGURA CORRISPONDENTE

1

2

3

INSERISCI IL NUMERO DELLA FIGURA CORRISPONDENTE

INSERISCI IL NUMERO DELLA FIGURA CORRISPONDENTE

INSERISCI IL NUMERO DELLA FIGURA CORRISPONDENTE

INSERISCI IL NUMERO DELLA FIGURA CORRISPONDENTE

INSERISCI IL NUMERO DELLA FIGURA CORRISPONDENTE

INSERISCI IL NUMERO DELLA FIGURA CORRISPONDENTE

INSERISCI IL NUMERO DELLA FIGURA CORRISPONDENTE

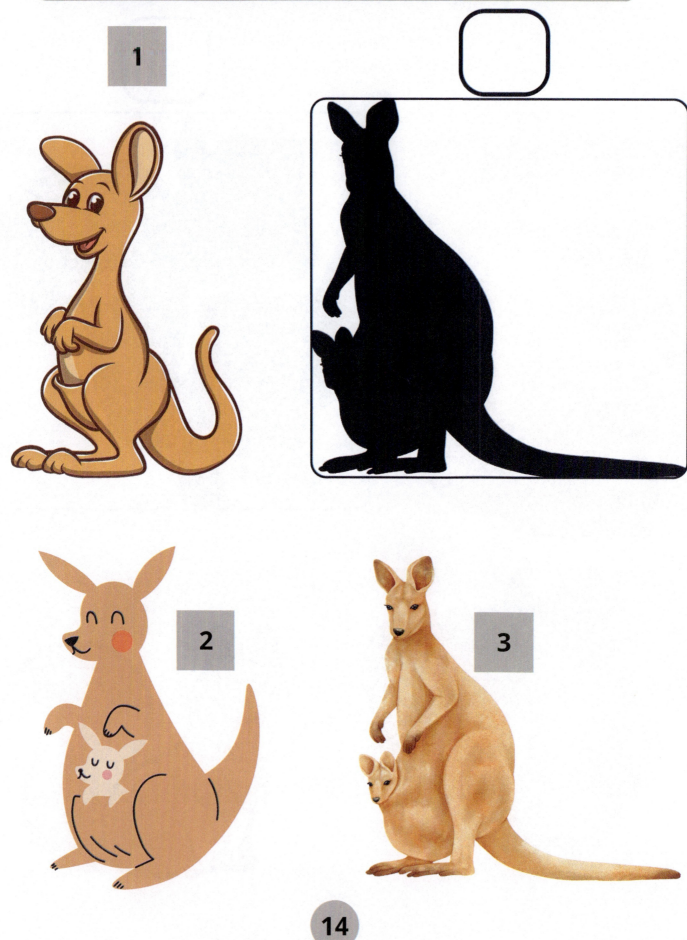

> FRASE MOTIVAZIONALE DA LEGGERE AL TUO BAMBINO (SOSTITUIRE GLI SPAZZI CON ...... INSERENDO MAMMA-PAPA-ZIA O CHI LEGGERÀ IL TESTO)

BRAVISSIMO/A..! HAI APPENA COMPLETATO IL PRIMO ESERCIZIO E SEI PRONTO PER IL PROSSIMO ESERCIZIO.

RICORDA SEMPRE, OGNI PICCOLO PASSO AVANTI È UN GRANDE SUCCESSO, E IO SONO QUI PER FESTEGGIARE OGNI TUO SUCCESSO CON TE. ANCHE QUANDO GLI ALTRI SEMBRANO NON CAPIRE QUANTO SIA SPECIALE IL TUO PROGRESSO, IO SO QUANTO VALGA E QUANTO TU ABBIA LAVORATO DURAMENTE.

CONTINUA A CAMMINARE CON FIDUCIA, PERCHÉ HAI UN CAMMINO LUMINOSO DAVANTI A TE, E IO SARÒ SEMPRE AL TUO FIANCO PER SOSTENERTI.

NON PREOCCUPARTI PER LE DIFFICOLTÀ CHE INCONTRERAI,, CREDI SEMPRE IN TE E PROCEDI CON CORAGGIO.

TRACCIO LE MIE PRIME LETTERE

A　　　A

A AAAAAAAAAAAA

B　　　B

B BBBBBBBBBB

C　　　C

C CCCCCCCCCCC

TRACCIO LE MIE PRIME LETTERE

D 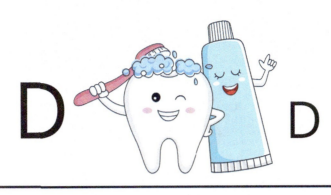 D

D DDDDDDDDDDDDDDD

E  E

E EEEEEEEEEEEEE

F 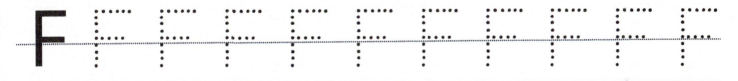 F

F FFFFFFFFFFFFFF

TRACCIO LE MIE PRIME LETTERE

G   G

G GGGGGGGGGG

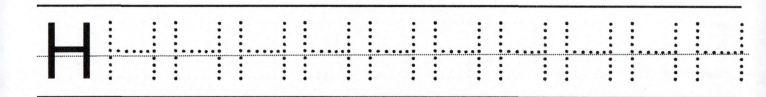

H   H

H HHHHHHHHHHH

I   I

I IIIIIIIIII

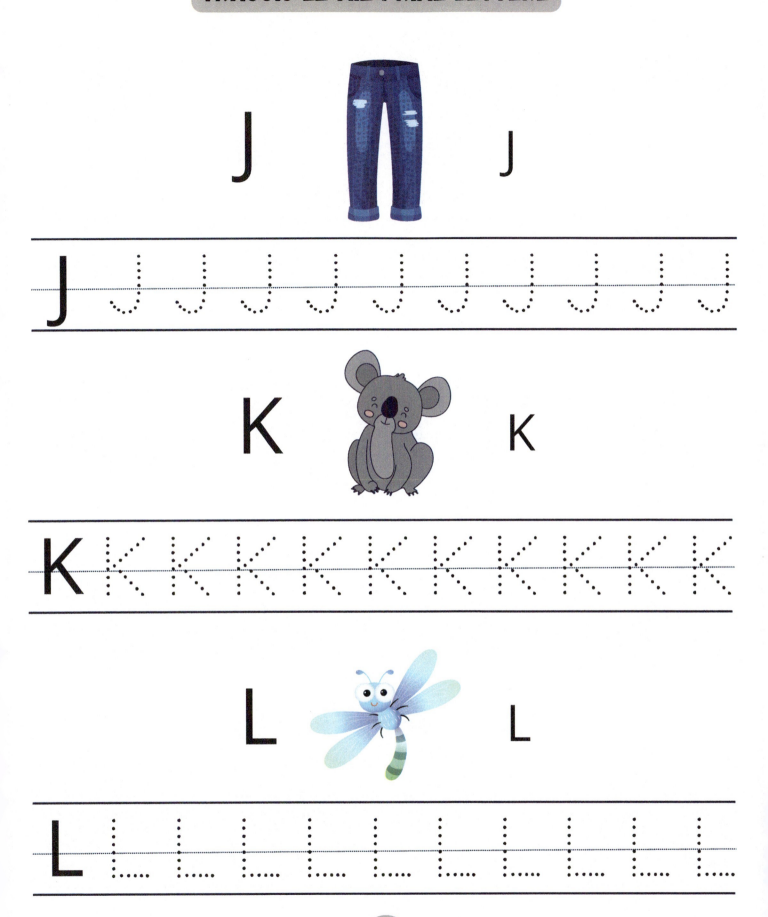

TRACCIO LE MIE PRIME LETTERE

M M

M MMMMMMMMMMMMM

N N

N NNNNNNNNNNNNNN

O O

O OOOOOOOOOOOO

TRACCIO LE MIE PRIME LETTERE

P   P

P P P P P P P P P

Q   Q

Q Q Q Q Q Q Q Q Q

R   R

R R R R R R R R R

TRACCIO LE MIE PRIME LETTERE

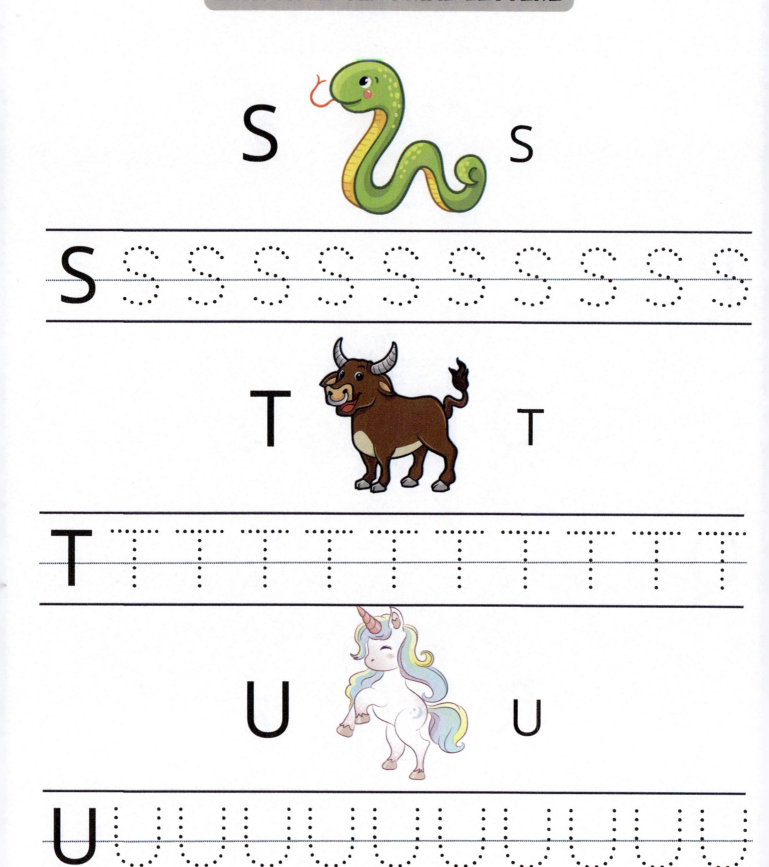

22

TRACCIO LE MIE PRIME LETTERE

V  V

W  W

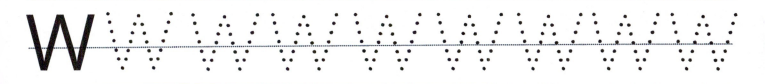

X  X

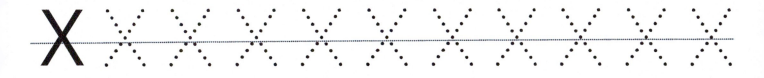

TRACCIO LE MIE PRIME LETTERE

Y  Y

Y Y Y Y Y Y Y Y Y Y Y Y

Z 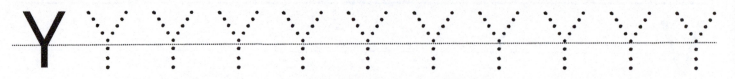 Z

Z Z Z Z Z Z Z Z Z Z Z Z

FRASE MOTIVAZIONALE DA LEGGERE AL TUO BAMBINO (SOSTITUIRE GLI SPAZZI CON ...... INSERENDO MAMMA-PAPA-ZIA O CHI LEGGERÀ IL TESTO)

STAI PROCEDENDO AD UN PASSO SOSTENUTO, MOLTO BENE.. RICORDA CHE NON CE UN TEMPO DEFINITO PER LO SVOLGIMENTO DEGLI ESERCIZI, QUINDI NON PREOCCUPARTI SE CI METTI PIÙ TEMPO RISPETTO AI TUOI COMPAGNI DI CLASSE, OGNUNO HA I SUOI TEMPI E IL SUO MODO DI SVOLGERE I COMPITI.

L'IMPORTANTE È IMPEGNARSI SEMPRE IN CIÒ CHE SI FA E POI GIOIRE DELLE SODDISFAZIONI QUANDO SI RAGGIUNGONO ANCHE PICCOLI TRAGUARDI.

TUTTE LE PERSONE INTORNO A TE SONO ORGOGLIOSE DI OGNI TUO PROGRESSO E GIOISCONO INSIEME A TE.

TRACCIO I MIEI PRIMI NUMERI

1

1 1 1 1 1 1 1 1 1 1 1 1

2

2 2 2 2 2 2 2 2 2 2 2 2

3

3 3 3 3 3 3 3 3 3 3 3 3

TRACCIO I MIEI PRIMI NUMERI

4 4 4 4 4 4 4 4 4 4 4 4

5 5 5 5 5 5 5 5 5 5 5 5

6 6 6 6 6 6 6 6 6 6 6 6

TRACCIO I MIEI PRIMI NUMERI

7

7 7 7 7 7 7 7 7 7 7 7

8 8 8 8 8 8 8 8 8 8 8

9 9 9 9 9 9 9 9 9 9 9

FRASE MOTIVAZIONALE DA LEGGERE AL TUO BAMBINO (SOSTITUIRE GLI SPAZZI CON ...... INSERENDO MAMMA-PAPA-ZIA O CHI LEGGERÀ IL TESTO)

LE TUE SFIDE TI RENDONO UN VERO EROE. VAI AVANTI E AFFRONTA IL MONDO CON CORAGGIO, PERCHÉ SEI PIÙ CORAGGIOSO/A DI QUANTO TU POSSA IMMAGINARE.

LE SFIDE CHE INCONTRI NON TI RENDONO DEBOLE, MA PIÙ FORTE E PIÙ RESILIENTE.

IO SONO QUI PER SOSTENERTI E CELEBRARE LA TUA FORZA. SEI UN EROE NEI MIEI OCCHI, E NIENTE PUÒ FERMARTI.

COLLEGA I COLORI SENZA INCROCIARE LE LINEE CORRISPONDENTI

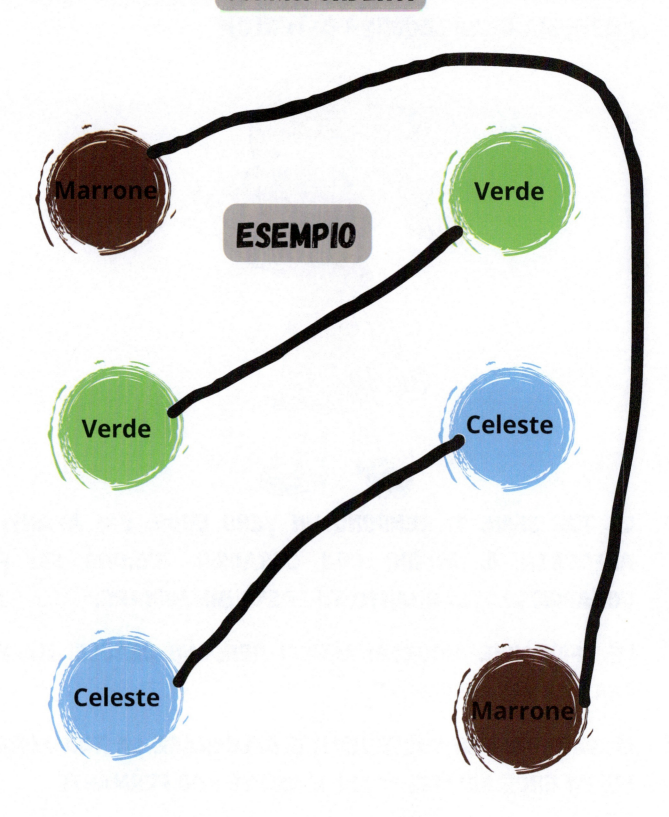

ESEMPIO

COLLEGA I COLORI SENZA INCROCIARE LE LINEE CORRISPONDENTI

COLLEGA I COLORI SENZA INCROCIARE LE LINEE CORRISPONDENTI

Blu

Albicocca

Albicocca

Bordeaux

Bordeaux

Blu

COLLEGA I COLORI SENZA INCROCIARE LE LINEE CORRISPONDENTI

COLLEGA I COLORI SENZA INCROCIARE LE LINEE CORRISPONDENTI

COLLEGA I COLORI SENZA INCROCIARE LE LINEE CORRISPONDENTI

FRASE MOTIVAZIONALE DA LEGGERE AL TUO BAMBINO (SOSTITUIRE GLI SPAZZI CON ...... INSERENDO MAMMA-PAPA-ZIA O CHI LEGGERÀ IL TESTO)

LE TUE ABILITÀ SONO DONI UNICI, COME GEMME PREZIOSE. USA LE TUE ABILITÀ SPECIALI PER FARE UNA DIFFERENZA NEL MONDO, PERCHÉ SO CHE PUOI FARE GRANDI COSE.

ANCHE QUANDO SEMBRA CHE LE TUE ABILITÀ SIANO DIVERSE DA QUELLE DEGLI ALTRI, RICORDA CHE SONO CIÒ CHE TI RENDE SPECIALE.

IO SONO QUI PER SOSTENERTI E CELEBRARE LA TUA FORZA. SEI UN EROE NEI MIEI OCCHI, E NIENTE PUÒ FERMARTI.

SILLABE IN RIMA (LEGGI LE PAROLE E COMPILA LE SILLABI MANCANTI)

Pa-ne

__ __-ne

Ca-ne

__ __-ne

SILLABE IN RIMA (LEGGI LE PAROLE E COMPILA LE SILLABI MANCANTI)

Ma-re

__ __ -re

Mo-re

__ __ -re

SILLABE IN RIMA (LEGGI LE PAROLE E COMPILA LE SILLABI MANCANTI)

Stel-la
___-la

Stal-la
___-la

SILLABE IN RIMA (LEGGI LE PAROLE E COMPILA LE SILLABI MANCANTI)

Pen-na

____-na

Pan-na

____-na

SILLABE IN RIMA (LEGGI LE PAROLE E COMPILA LE SILLABI MANCANTI)

La-go

__ __-go

Ma-go

__ __-go

FRASE MOTIVAZIONALE DA LEGGERE AL TUO BAMBINO (SOSTITUIRE GLI SPAZZI CON ...... INSERENDO MAMMA-PAPÀ-ZIA O CHI LEGGERÀ IL TESTO)

SO CHE LA VITA PUÒ ESSERE COMPLICATA E PIENA DI OSTACOLI, MA VOGLIO CHE TU SAPPIA QUANTO SEI CORAGGIOSO/A NELL'AFFRONTARLI.

OGNI OSTACOLO CHE SUPERI TI RENDE PIÙ FORTE E PIÙ FIDUCIOSO/A, E IO SONO COSÌ ORGOGLIOSO/A DI VEDERTI CRESCERE OGNI GIORNO.

NON TI FERMARE MAI, PERCHÉ CREDO IN TE PIÙ DI QUALSIASI ALTRA PERSONA AL MONDO. HAI LA FORZA DENTRO DI TE PER SUPERARE QUALSIASI COSA.

COLORA LA SILLABA GIUSTA

Cavallo

Mo | Re | **Ca**

Polpo

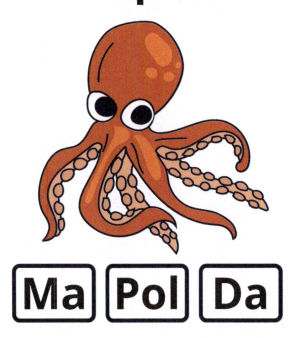

Ma | Pol | Da

Lupo

Me | Lu | Na

Pecora

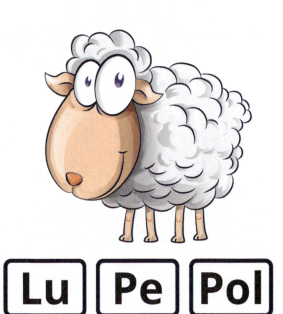

Lu | Pe | Pol

COLORA LA SILLABA GIUSTA

Elefante

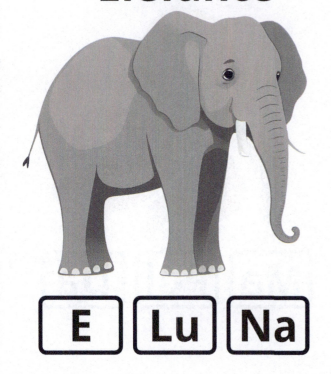

E Lu Na

Giraffa

Me Gi Na

Scimmia

Mia Lu Na

Tigre

Me Lu Ti

COLORA LA SILLABA GIUSTA

Gatto

| Ga | Lu | Na |

Cane

| Me | Lu | Ca |

Canarino

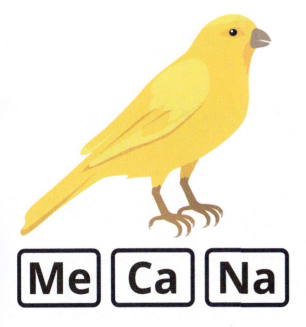

| Me | Ca | Na |

Pesce

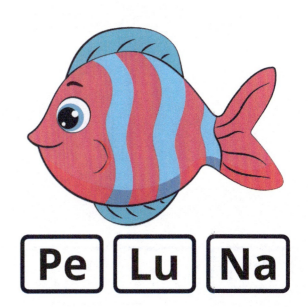

| Pe | Lu | Na |

COLORA LA SILLABA GIUSTA

Rana

| Ti | Lu | Ra |

Gallina

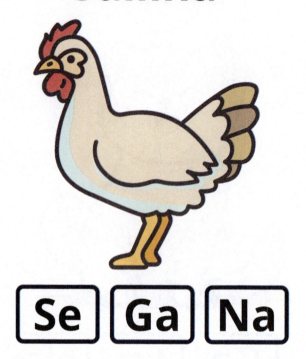

| Se | Ga | Na |

Coniglio

| Co | Lu | Na |

Topolino

| Me | To | Na |

COLORA LA SILLABA GIUSTA

Leone

| Co | Lu | Ne |

Cerbiatto

| Cer | Lu | Na |

Rinoceronte

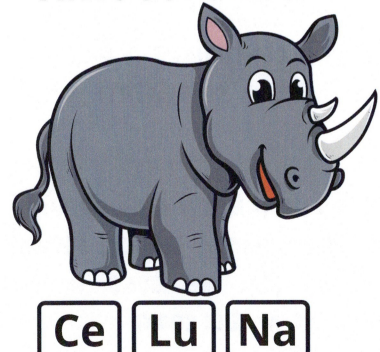

| Ce | Lu | Na |

Serpente

| Co | Ser | Na |

PRIMA FRASE MOTIVAZIONALE DA LEGGERE AL TUO BAMBINO (SOSTITUIRE GLI SPAZZI CON ...... INSERENDO MAMMA-PAPA-ZIA O CHI LEGGERÀ IL TESTO)

NON IMPORTA QUANTO TEMPO CI VUOLE PER IMPARARE QUALCOSA DI NUOVO.

L'IMPORTANTE È NON ARRENDERSI E CONTINUARE A PROVARE. IO SARÒ SEMPRE QUI, AFFIANCO A TE, A SOSTENERTI IN OGNI PASSO DEL PERCORSO.

OGNI SFORZO CHE FAI, OGNI VOLTA CHE TI METTI ALLA PROVA, È UN PASSO VERSO IL SUCCESSO. NON IMPORTA QUANTO PICCOLI POSSANO SEMBRARE QUEI PASSI, PER ME SONO GRANDI CONQUISTE, E OGNI PASSO TI AVVICINA AI TUOI SOGNI

COLLEGA CON UNA LINEA LA SILLABA ALL'OGGETO

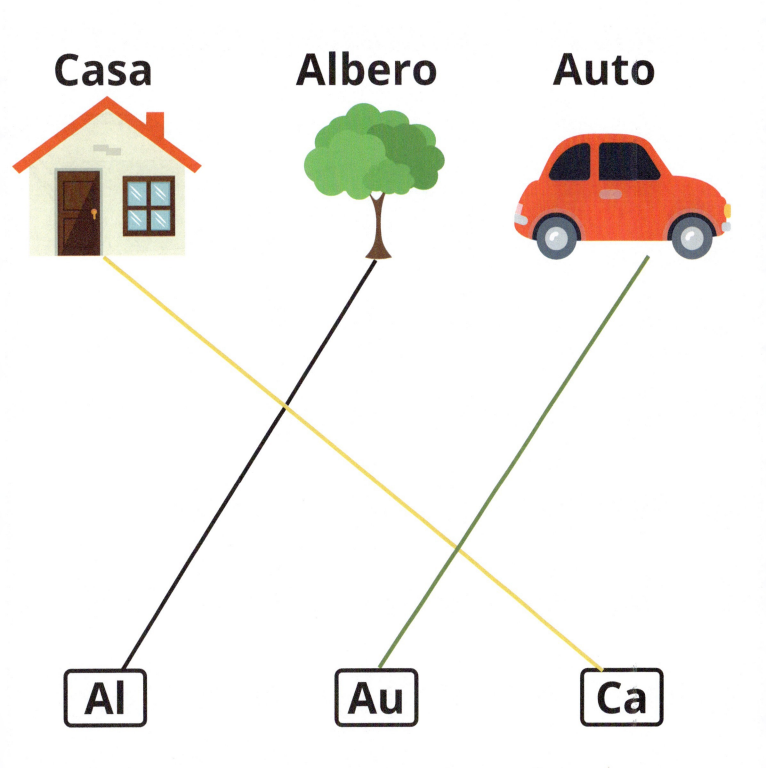

COLLEGA CON UNA LINEA LA SILLABA ALL'OGGETO

Matita  Gomma 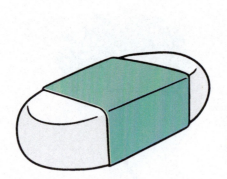 Quaderno

Qua   Ma   Gom

COLLEGA CON UNA LINEA LA SILLABA ALL'OGGETO

Mela   Gelato   Cioccolato

Cioc   Ge   Me

COLLEGA CON UNA LINEA LA SILLABA ALL'OGGETO

Bambino **Pallone** **Porta**

Pal **Por** **Bam**

COLLEGA CON UNA LINEA LA SILLABA ALL'OGGETO

Vaso   Fiore   Annaffiatoio

Va   An   Fio

PRIMA FRASE MOTIVAZIONALE DA LEGGERE AL TUO BAMBINO (SOSTITUIRE GLI SPAZZI CON ...... INSERENDO MAMMA-PAPA-ZIA O CHI LEGGERÀ IL TESTO)

LA TUA INTELLIGENZA È UNICA E SPECIALE. TROVEREMO INSIEME IL TUO MODO SPECIALE PER IMPARARE, PERCHÉ SO CHE SEI CAPACE DI QUALSIASI COSA.

LE SFIDE NELL'APPRENDIMENTO POSSONO SEMBRARE FRUSTRANTI, MA OGNI VOLTA CHE LE SUPERI, STAI IMPARANDO QUALCOSA DI NUOVO SU TE STESSO/A.

QUINDI NON AVER PAURA DI INTRAPRENDERE NUOVE SFIDE, NESSUNO È PERFETTO E TUTTI POSSIAMO NON RIUSCIRE IN QUALCOSA, MA RICORDA CHE IO NON SMETTERÒ MAI DI CREDERE IN TE E NELLE TUE STRAORDINARIE ABILITÀ.

COMPLETA LA FRASE CON LE SILLABE MANCANTI

Occhiale

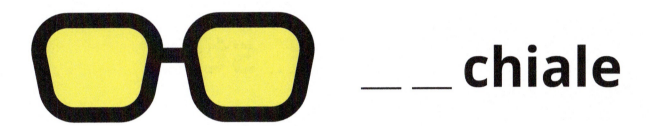

__ __chiale

Sole

__ __le

COMPLETA LA FRASE CON LE SILLABE MANCANTI

Giostra

___ ___ ___stra

Pagliaccio

___ ___gliaccio

COMPLETA LA FRASE CON LE SILLABE MANCANTI

Gallina

__ __ __lina

Uovo

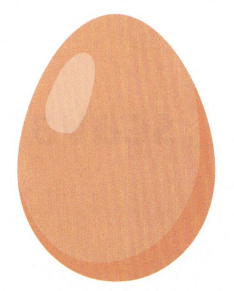

__ __vo

COMPLETA LA FRASE CON LE SILLABE MANCANTI

Camion

__ __mion

Escavatore

__scavatore

COMPLETA LA FRASE CON LE SILLABE MANCANTI

Libro

__ __ bro

Penna

__ __ __ na

FRASE MOTIVAZIONALE DA LEGGERE AL TUO BAMBINO (SOSTITUIRE GLI SPAZZI CON ...... INSERENDO MAMMA-PAPA-ZIA O CHI LEGGERÀ IL TESTO)

SII GENTILE CON TE STESSO/A, CARO/A. OGNI GIORNO È UNA NUOVA OPPORTUNITÀ PER MIGLIORARE E CRESCERE.

NON C'È NULLA CHE TU NON POSSA FARE, A CONDIZIONE CHE TU CI CREDA. RICORDA, IL TUO VALORE VA OLTRE LE TUE ABILITÀ.

LA TUA GENTILEZZA, IL TUO SPIRITO E IL TUO CUORE SONO PREZIOSI E UNICI. QUINDI, ACCOGLI OGNI GIORNO CON AMORE E GENTILEZZA, COME IO FACCIO CON TE.

COLORA LE SILLABE CHE FANNO PARTE DELLA PAROLA PAROLA

Toro

| To | da | ro |

Ape

| A | pe | ro |

COLORA LE SILLABE CHE FANNO PARTE DELLA PAROLA PAROLA

Pera

| Pe | da | ra |

Uva

| U | le | va |

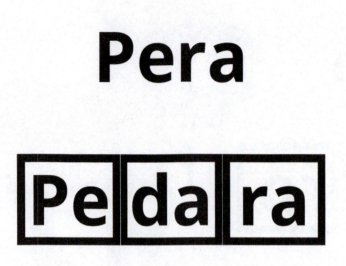

62

COLORA LE SILLABE CHE FANNO PARTE DELLA PAROLA PAROLA

Orso

| Or | ra | so |

Bruco

| Bru | co | so |

COLORA LE SILLABE CHE FANNO PARTE DELLA PAROLA PAROLA

Lana

| La | na | so |

Pony

| Po | co | ny |

COLORA LE SILLABE CHE FANNO PARTE DELLA PAROLA

Foca

| Fo | co | ca |

Delfino

| Del | fi | no |

PRIMA FRASE MOTIVAZIONALE DA LEGGERE AL TUO BAMBINO
(SOSTITUIRE GLI SPAZZI CON ...... INSERENDO MAMMA-PAPA-ZIA O CHI LEGGERÀ IL TESTO)

IL FALLIMENTO NON È UNA SCONFITTA, MA UNA LEZIONE PREZIOSA.

IMPARA DA ESSO E CRESCERAI, COSÌ COME HO VISTO TE CRESCERE E DIVENTARE UNA PERSONA SEMPRE PIÙ STRAORDINARIA.

OGNI ERRORE CHE FAI È UNA NUOVA OPPORTUNITÀ DI CRESCITA. NON PERMETTERE MAI A UN MOMENTO DIFFICILE DI SPEGNERE LA TUA LUCE. SEI STRAORDINARIO/A ESATTAMENTE COME SEI, E IL MONDO HA BISOGNO DI TE.

EVIDENZIA LE SILLABE CHE COMPONGONO IL NOME E RISCRIVILE NELLO SPAZIO TRATTEGGIATO

Pa-mi-le-**ne**
Pa-ne
___ ___

Ca-mi-le-ne
-
___ ___

EVIDENZIA LE SILLABE CHE COMPONGONO IL NOME E RISCRIVILE NELLO SPAZIO TRATTEGGIATO

Ma-lu-ri-re
__-__-__-__

Mo-lu-ri-re
__-__-__-__

EVIDENZIA LE SILLABE CHE COMPONGONO IL NOME E RISCRIVILE NELLO SPAZIO TRATTEGGIATO

Stel-in-da-la

___-__

Stal-in-da-la

___-__

EVIDENZIA LE SILLABE CHE COMPONGONO IL NOME E RISCRIVILE NELLO SPAZIO TRATTEGGIATO

Pen-di-na-re
___-___

Pan-di-na-re
___-___

EVIDENZIA LE SILLABE CHE COMPONGONO IL NOME E RISCRIVILE NELLO SPAZIO TRATTEGGIATO

La-mi-go-te

__-__

Ma-mi-go-te

__-__

PRIMA FRASE MOTIVAZIONALE DA LEGGERE AL TUO BAMBINO
(SOSTITUIRE GLI SPAZZI CON ...... INSERENDO MAMMA-PAPA-ZIA O CHI LEGGERÀ IL TESTO)

IL FALLIMENTO NON È UNA SCONFITTA, MA UNA LEZIONE PREZIOSA.

IMPARA DA ESSO E CRESCERAI, COSÌ COME HO VISTO TE CRESCERE E DIVENTARE UNA PERSONA SEMPRE PIÙ STRAORDINARIA.

OGNI ERRORE CHE FAI È UNA NUOVA OPPORTUNITÀ DI CRESCITA. NON PERMETTERE MAI A UN MOMENTO DIFFICILE DI SPEGNERE LA TUA LUCE. SEI STRAORDINARIO/A ESATTAMENTE COME SEI, E IL MONDO HA BISOGNO DI TE.

GIOCHIAMO UN PO CON I NUMERI! TROVA IL GIUSTO NUMERO DI OGGETTI E SCRIVILO NELLO SPAZIO DEDICATO

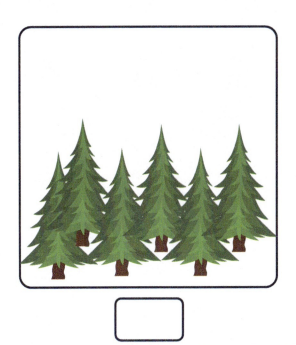

| 4 | 3 | 7 | 9 | 6 |

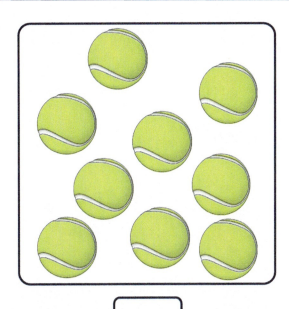

| 4 | 3 | 7 | 9 | 6 |

GIOCHIAMO UN PO CON I NUMERI! TROVA IL GIUSTO NUMERO DI OGGETTI E SCRIVILO NELLO SPAZIO DEDICATO

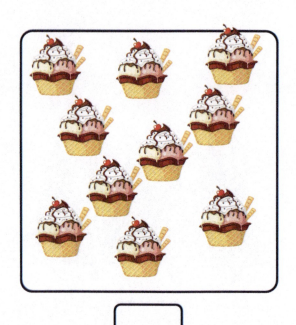

| 12 | 10 | 7 | 9 | 6 |

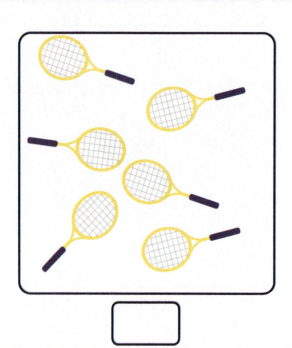

| 4 | 10 | 7 | 9 | 6 |

GIOCHIAMO UN PO CON I NUMERI! TROVA IL GIUSTO NUMERO DI OGGETTI E SCRIVILO NELLO SPAZIO DEDICATO

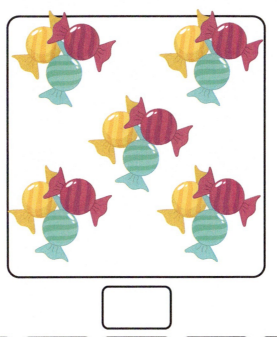

| 12 | 10 | 13 | 15 | 16 |

| 8 | 11 | 7 | 12 | 6 |

GIOCHIAMO UN PO CON I NUMERI! TROVA IL GIUSTO NUMERO DI OGGETTI E SCRIVILO NELLO SPAZIO DEDICATO

| 12 | 14 | 13 | 15 | 16 |

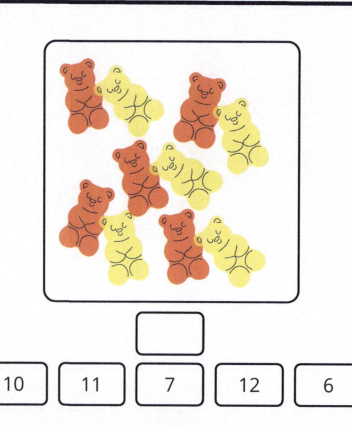

| 10 | 11 | 7 | 12 | 6 |

GIOCHIAMO UN PO CON I NUMERI! TROVA IL GIUSTO NUMERO DI OGGETTI E SCRIVILO NELLO SPAZIO DEDICATO

| 8 | 14 | 10 | 15 | 6 |

| 10 | 11 | 7 | 12 | 6 |

GIOCHIAMO UN PO CON I NUMERI! TROVA IL GIUSTO NUMERO DI OGGETTI E SCRIVILO NELLO SPAZIO DEDICATO

| 8 | 11 | 10 | 9 | 6 |

| 10 | 11 | 9 | 12 | 6 |

GIOCHIAMO UN PO CON I NUMERI! TROVA IL GIUSTO NUMERO DI OGGETTI E SCRIVILO NELLO SPAZIO DEDICATO

| 18 | 21 | 20 | 19 | 22 |

| 18 | 20 | 19 | 22 | 21 |

FRASE MOTIVAZIONALE DA LEGGERE AL TUO BAMBINO (SOSTITUIRE GLI SPAZZI CON ...... INSERENDO MAMMA-PAPA-ZIA O CHI LEGGERÀ IL TESTO)

L'APPRENDIMENTO È UN VIAGGIO SENZA FINE, COME UNA GRANDE AVVENTURA. IO SARÒ SEMPRE QUI, A FIANCO A TE, PER AIUTARTI A ESPLORARE IL MONDO E IMPARARE OGNI GIORNO.

NON IMPORTA QUANTO POSSA SEMBRARE DIFFICILE IMPARARE NUOVE COSE, PERCHÉ TU HAI UNA FORZA DI APPRENDIMENTO INCREDIBILE.

OGNI CONOSCENZA CHE ACQUISISCI TI RENDE PIÙ RICCO/A E PIÙ PREPARATO/A PER AFFRONTARE IL MONDO.

COMPLETA LE PAROLE CON LE SILLABE MANCANTI

Cocomero

Co____ ____ro

Pomodoro

Po____ ____ro

COMPLETA LE PAROLE CON LE SILLABE MANCANTI

Carota

Ca___ta

Delfino

Del___no

COMPLETA LE PAROLE CON LE SILLABE MANCANTI

Cammello

Cam____lo

Arancia

A____cia

COMPLETA LE PAROLE CON LE SILLABE MANCANTI

Caramelle

Ca_____le

Cioccolato

Cioc_____to

COMPLETA LE PAROLE CON LE SILLABE MANCANTI

Gelato

Ge___to

Palloncino

Pal_____no

PRIMA FRASE MOTIVAZIONALE DA LEGGERE AL TUO BAMBINO
(SOSTITUIRE GLI SPAZZI CON ...... INSERENDO MAMMA-PAPA-ZIA O CHI LEGGERÀ IL TESTO)

LA TUA DIVERSITÀ È CIÒ CHE TI RENDE SPECIALE, COME UN ARCOBALENO IN UN CIELO GRIGIO.

ABBRACCIALA E SII ORGOGLIOSO/A DI TE STESSO/A, PERCHÉ IO SONO INCREDIBILMENTE ORGOGLIOSO/A DI TE.

RICORDA SEMPRE CHE NON ESISTE UNA DEFINIZIONE UNIVERSALE DI SUCCESSO.

DEFINISCI IL TUO SUCCESSO IN BASE AI TUOI DESIDERI E AI TUOI SOGNI.

QUALUNQUE COSA TU SCELGA DI FARE NELLA VITA, IO SARÒ QUI PER SOSTENERTI E CELEBRARE OGNI TUA VITTORIA CON TE.

COLORA L'INIZIALE DEL NOME DELL'ANIMALE O DELL'OGGETTO

| G | Y | R |

| G | T | R |

COLORA L'INIZIALE DEL NOME DELL'ANIMALE O DELL'OGGETTO

| G | Y | V |

| V | G | R |

COLORA L'INIZIALE DEL NOME DELL'ANIMALE O DELL'OGGETTO

| G | Y | C |

| C | G | R |

COLORA L'INIZIALE DEL NOME DELL'ANIMALE O DELL'OGGETTO

| G | A | C |

| C | G | R |

COLORA L'INIZIALE DEL NOME DELL'ANIMALE O DELL'OGGETTO

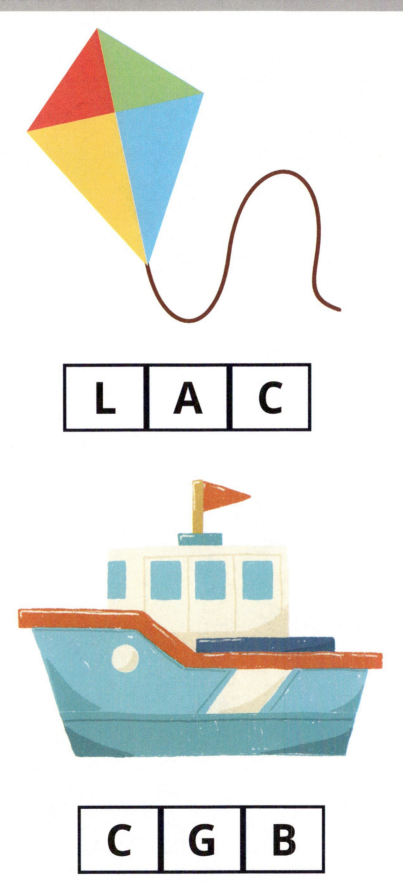

| L | A | C |

| C | G | B |

COLORA L'INIZIALE DEL NOME DELL'ANIMALE O DELL'OGGETTO

| G | A | B |

| C | G | B |

COLORA L'INIZIALE DEL NOME DELL'ANIMALE O DELL'OGGETTO

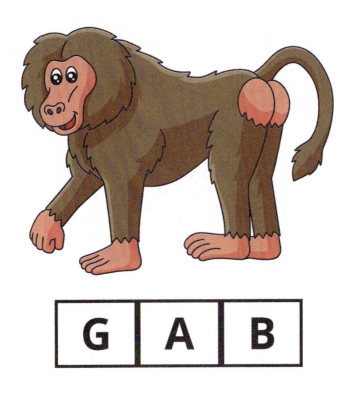

| G | A | B |

| C | G | B |

COLORA L'INIZIALE DEL NOME DELL'ANIMALE O DELL'OGGETTO

| G | A | F |

| C | G | B |

COLORA L'INIZIALE DEL NOME DELL'ANIMALE O DELL'OGGETTO

| G | A | F |

| S | G | B |

COLORA L'INIZIALE DEL NOME DELL'ANIMALE O DELL'OGGETTO

| G | F | A |

| S | E | A |

COLORA L'INIZIALE DEL NOME DELL'ANIMALE O DELL'OGGETTO

| P | C | A |

| P | E | A |

COLORA L'INIZIALE DEL NOME DELL'ANIMALE O DELL'OGGETTO

| L | C | A |

| P | E | V |

PRIMA FRASE MOTIVAZIONALE DA LEGGERE AL TUO BAMBINO
(SOSTITUIRE GLI SPAZZI CON ...... INSERENDO MAMMA-PAPA-ZIA O CHI LEGGERÀ IL TESTO)

LA PERSEVERANZA È LA CHIAVE DEL SUCCESSO. NON ARRENDERTI MAI, ANCHE QUANDO LE COSE SEMBRANO DIFFICILI.

IO SARÒ QUI, SEMPRE AL TUO FIANCO, A SOSTENERTI E AD INCORAGGIARTI IN OGNI MOMENTO.

LE SFIDE POSSONO SEMBRARE SPAVENTOSE, MA OGNI VOLTA CHE LE AFFRONTI, STAI COSTRUENDO LA TUA FORZA E LA TUA RESILIENZA.

NON PERMETTERE MAI A NESSUN OSTACOLO DI FERMARTI, PERCHÉ SEI CAPACE DI SUPERARE TUTTO.

RIORDINA LE SILLABE E FORMA LA PAROLA CORRETTA

| co | coc |

| Coc | co |

| la | me |

| | |

RIORDINA LE SILLABE E FORMA LA PAROLA CORRETTA

| ra | pe | co |

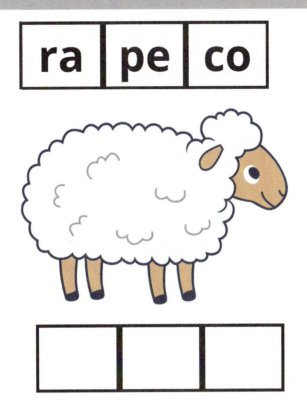

| | | |

| le | mie |

| | |

RIORDINA LE SILLABE E FORMA LA PAROLA CORRETTA

| mia | scim |

| | |

| sac | or | to | chiot |

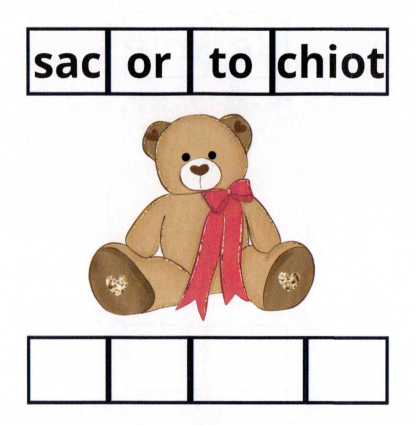

| | | | |

RIORDINA LE SILLABE E FORMA LA PAROLA CORRETTA

| pra | ca |

| | |

| le | e | te | fan |

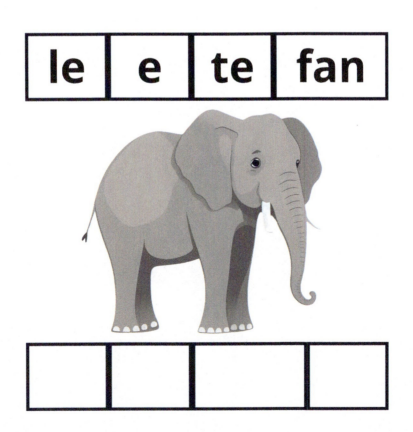

| | | | |

RIORDINA LE SILLABE E FORMA LA PAROLA CORRETTA

| la | far | fal |

| | | |

| pi | lo | pi | strel |

| | | | |

> FRASE MOTIVAZIONALE DA LEGGERE AL TUO BAMBINO (SOSTITUIRE GLI SPAZZI CON ...... INSERENDO MAMMA-PAPA-ZIA O CHI LEGGERÀ IL TESTO)

IL SUCCESSO RICHIEDE TEMPO E SFORZO. NON MOLLARE, PERCHÉ NE VALE LA PENA. SONO QUI PER SOSTENERTI IN OGNI PASSO DEL TUO CAMMINO.

ANCHE QUANDO SEMBRA CHE I TUOI SFORZI RICHIEDANO MOLTO TEMPO PER DARE FRUTTI, SAPPI CHE OGNI SFORZO È UN INVESTIMENTO NEL TUO FUTURO.

CONTINUA A PERSEVERARE, PERCHÉ IL TUO SUCCESSO È GARANTITO.

TROVA LA PAROLA CORRETTA E SCRIVILA NELLO SLOT IN BIANCO

| Panda | Anda | Benda |

| Panda |

| Dicorno | Unicorno | Uncorno |

TROVA LA PAROLA CORRETTA E SCRIVILA NELLO SLOT IN BIANCO

| Banale | Balena | Nabela |

| Mamotta | Marotta | Marmotta |

TROVA LA PAROLA CORRETTA E SCRIVILA NELLO SLOT IN BIANCO

| Bradipo | Bratipo | Badipo |

| Panera | Pantera | Pamela |

TROVA LA PAROLA CORRETTA E SCRIVILA NELLO SLOT IN BIANCO

| Setia | Sdraia | Sedia |

| |

| Tavolino | Tavoletto | Taolo |

| |

TROVA LA PAROLA CORRETTA E SCRIVILA NELLO SLOT IN BIANCO

| Forno | Fono | Formo |

| Spazzola | Petine | Pettine |

FRASE MOTIVAZIONALE DA LEGGERE AL TUO BAMBINO (SOSTITUIRE GLI SPAZZI CON ...... INSERENDO MAMMA-PAPA-ZIA O CHI LEGGERÀ IL TESTO)

IL MONDO È PIENO DI OPPORTUNITÀ STRAORDINARIE, E TU SEI ABBASTANZA STRAORDINARIO/A PER COGLIERLE.

CONTINUA A SOGNARE E INSEGUIRE I TUOI SOGNI, PERCHÉ IO SONO QUI PER SOSTENERTI IN OGNI PASSO DEL CAMMINO.

LA TUA FORZA INTERIORE E LA TUA DETERMINAZIONE TI PORTERANNO LONTANO.

QUINDI, NON SMETTERE MAI DI CREDERE IN TE STESSO/A E NELLE INFINITE POSSIBILITÀ CHE IL FUTURO HA DA OFFRIRE.

COMPLETA LE PAROLE UTILIZZANDO LE SILLABI NEL MODO CORRETTO

U__ va

Po__ __ __ ro

COMPLETA LE PAROLE UTILIZZANDO LE SILLABI NEL MODO CORRETTO

A__ __nas

__ __co di __ __ta

COMPLETA LE PAROLE UTILIZZANDO LE SILLABI NEL MODO CORRETTO

Cap__ __lo

Rac__ __ta

COMPLETA LE PAROLE UTILIZZANDO LE SILLABI NEL MODO CORRETTO

Ge __ __ to

Cuc __ __ __ ino

PRIMA FRASE MOTIVAZIONALE DA LEGGERE AL TUO BAMBINO
(SOSTITUIRE GLI SPAZZI CON ...... INSERENDO MAMMA-PAPA-ZIA O CHI LEGGERÀ IL TESTO)

LA FIDUCIA IN TE STESSO/A È LA CHIAVE PER SBLOCCARE IL TUO POTENZIALE ILLIMITATO. TU SEI INCREDIBILE, E IO TI AMO PIÙ DI QUALSIASI ALTRA COSA AL MONDO

LA FIDUCIA IN TE STESSO/A TI DARÀ IL POTERE DI AFFRONTARE QUALSIASI SFIDA.

SARÒ QUI, OGNI GIORNO, A SOSTENERTI E A INCITARTI A CREDERE IN TE STESSO/A.

AIUTA IL CONDINO AD ARRIVARE ALL'ORTO

AIUTA AL CONIGLIO AD ARRIVARE ALLA CAROTA

AIUTA IL CORRIERE A CONSEGNARE I PACCHI

AIUTA LA SCIMMIETTA A SCAPPARE

PRIMA FRASE MOTIVAZIONALE DA LEGGERE AL TUO BAMBINO
(SOSTITUIRE GLI SPAZZI CON ...... INSERENDO MAMMA-PAPA-ZIA O CHI LEGGERÀ IL TESTO)

SII AUDACE, SII TE STESSO/A E VAI AVANTI CON FIDUCIA. IL MONDO HA BISOGNO DELLA TUA LUCE UNICA, E IO SARÒ SEMPRE QUI, A ILLUMINARE IL TUO CAMMINO.

LA FIDUCIA IN TE STESSO/A È LA CHIAVE PER SBLOCCARE IL TUO POTENZIALE ILLIMITATO.

NON IMPORTA COSA TU AFFRONTI, IO SONO QUI PER SOSTENERTI E INCITARTI A BRILLARE. TU SEI UN'OPERA D'ARTE UNICA E PREZIOSA, E NIENTE POTRÀ MAI OSCURARE LA TUA LUCE.

RIORDINA LE SILLABE NEL MODO CORRETTO

| ga | ta | ru | tar |

| no | ti | gat |

RIORDINA LE SILLABE NEL MODO CORRETTO

| co | dril | coc | lo |

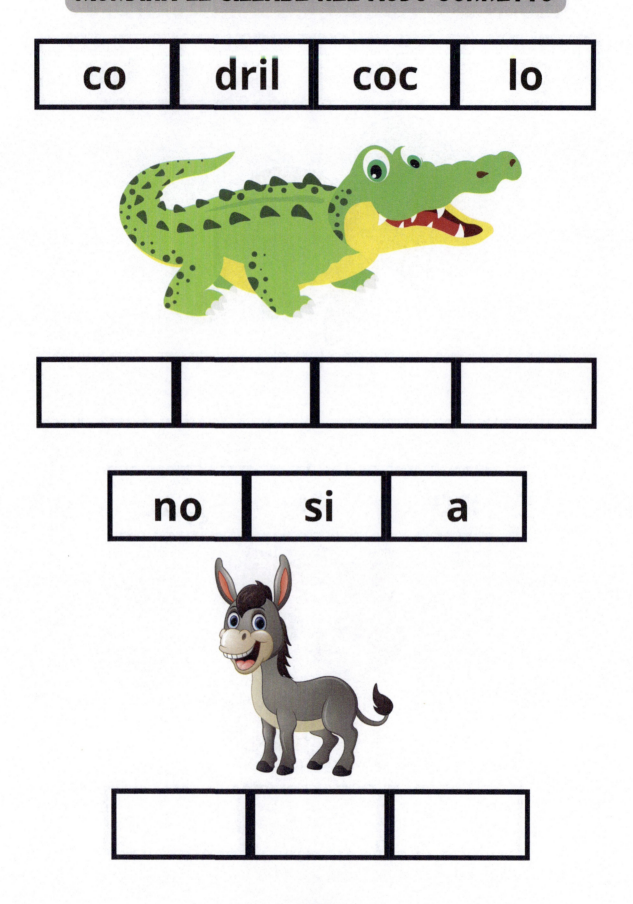

| no | si | a |

RIORDINA LE SILLABE NEL MODO CORRETTO

| sau | di | no | ro |

| ro | ca | ta |

RIORDINA LE SILLABE NEL MODO CORRETTO

| la | lu | cel | re |

| ma | a | ca |

RIORDINA LE SILLABE NEL MODO CORRETTO

| ci | ta | bi | clet |

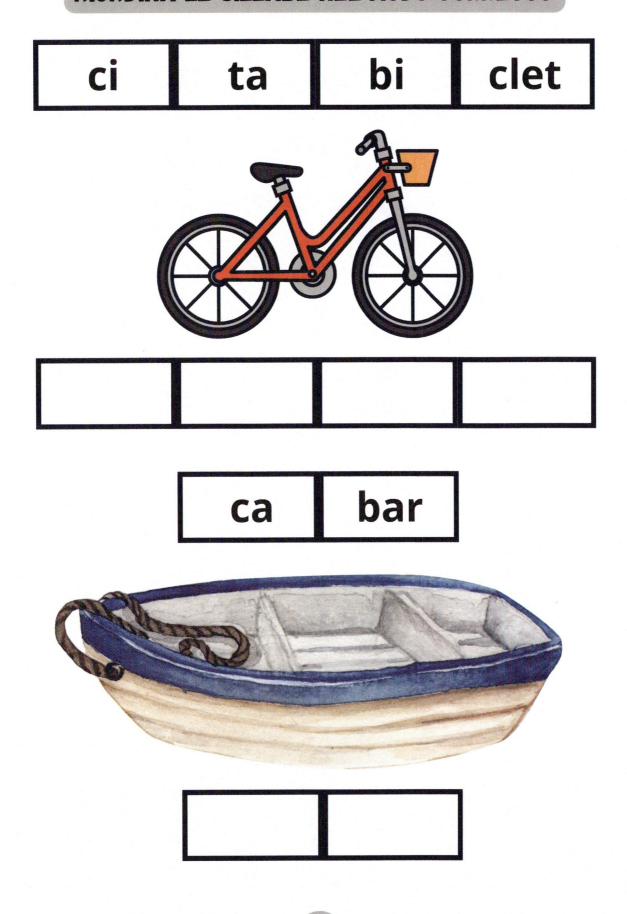

| | | | |

| ca | bar |

| | |

RIORDINA LE SILLABE NEL MODO CORRETTO

| der | qua | no |

| | | |

| na | pen |

| | |

RIORDINA LE SILLABE NEL MODO CORRETTO

| ma | ca | ro | la |

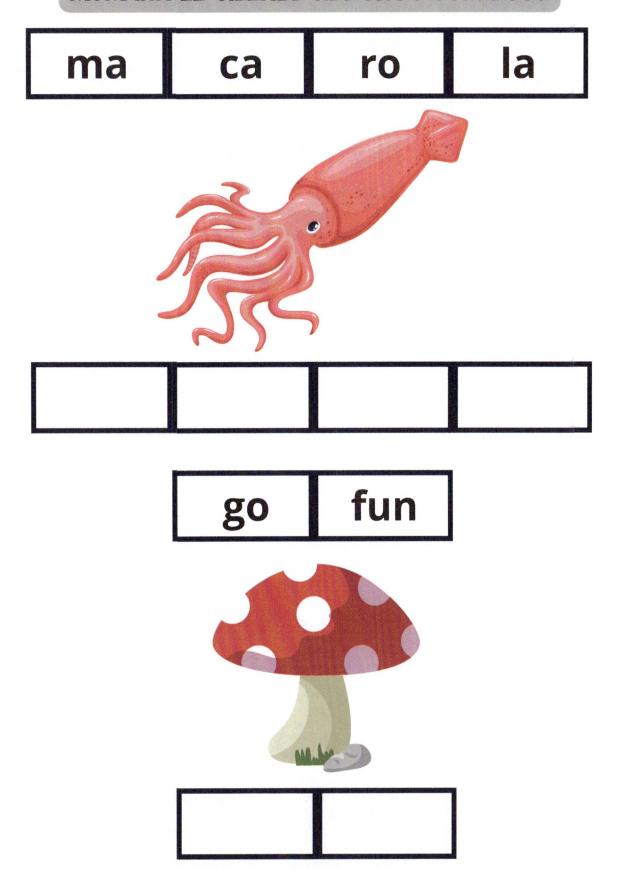

| go | fun |

RIORDINA LE SILLABE NEL MODO CORRETTO

| la | li | lu | bel |

| pe | a |

RIORDINA LE SILLABE NEL MODO CORRETTO

| mi | for | ca |

| co | fi |

PRIMA FRASE MOTIVAZIONALE DA LEGGERE AL TUO BAMBINO

(SOSTITUIRE GLI SPAZZI CON ...... INSERENDO MAMMA-PAPA-ZIA O CHI LEGGERÀ IL TESTO)

NON AVERE PAURA DI ESPRIMERE LE TUE IDEE E OPINIONI. LA TUA VOCE È IMPORTANTE, E IL MONDO HA BISOGNO DI SENTIRE CIÒ CHE HAI DA DIRE.

IO SARÒ SEMPRE QUI, AD ASCOLTARTI CON ATTENZIONE E CON AMORE.

NON IMPORTA QUANTO POSSA SEMBRARE DIFFICILE ESPRIMERE CIÒ CHE PENSI, PERCHÉ LE TUE PAROLE HANNO VALORE E SIGNIFICATO.

TROVA LE SILLABI MANCANTI

___ ga ___

___ chi ___

TROVA LE SILLABI MANCANTI

___ tel ___

___ zet ___

TROVA LE SILLABI MANCANTI

____ val ____

____ ____ mi ____

TROVA LE SILLABI MANCANTI

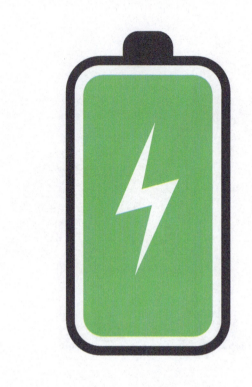

___ te ___

___ to ___

TROVA LE SILLABI MANCANTI

_____strel_____

_____ bi _____

PRIMA FRASE MOTIVAZIONALE DA LEGGERE AL TUO BAMBINO
(SOSTITUIRE GLI SPAZZI CON ...... INSERENDO MAMMA-PAPA-ZIA O CHI LEGGERÀ IL TESTO)

NON C'È UNA SOLA DEFINIZIONE DI SUCCESSO. DEFINISCI IL TUO SUCCESSO IN BASE AI TUOI DESIDERI E AI TUOI SOGNI.

QUALUNQUE COSA TU SCELGA DI FARE NELLA VITA, IO SARÒ QUI PER SOSTENERTI E CELEBRARE OGNI TUA VITTORIA CON TE.

IL SUCCESSO È UN VIAGGIO PERSONALE, E TU HAI IL POTERE DI DEFINIRLO COME DESIDERI.

COMPLETA IL NOME E IL DISEGNO

Ra-na

COMPLETA IL NOME E IL DISEGNO

Del-__-__

140

COMPLETA IL NOME E IL DISEGNO

Pu- _ _ - _

COMPLETA IL NOME E IL DISEGNO

Ca-_____

COMPLETA IL NOME E IL DISEGNO

Trat-__-__

COMPLETA IL NOME E IL DISEGNO

Pin-___-___

144

COMPLETA IL NOME E IL DISEGNO

Al-___-___

COMPLETA IL NOME E IL DISEGNO

Ruo-____

COMPLETA IL NOME E IL DISEGNO

For-___-___

COMPLETA IL NOME E IL DISEGNO

Fo-_____

148

> FRASE MOTIVAZIONALE DA LEGGERE AL TUO BAMBINO (SOSTITUIRE GLI SPAZZI CON ...... INSERENDO MAMMA-PAPA-ZIA O CHI LEGGERÀ IL TESTO)

IO CREDO IN TE, CARO/A, E SO CHE HAI IL POTENZIALE PER REALIZZARE GRANDI COSE. LA FIDUCIA IN TE STESSO/A TI PORTERÀ LONTANO.

CONTINUA A LAVORARE DURO PER I TUOI OBIETTIVI, PERCHÉ IO SARÒ QUI, A SOSTENERMI IN OGNI PASSO DEL TUO CAMMINO

TROVA IL NOME DELL'OGGETTO NELLA ZUPPA DI SILLABI E POI DISEGNALO

| mi | fun | ca | go |

TROVA IL NOME DELL'OGGETTO NELLA ZUPPA DI SILLABI E POI DISEGNALO

| mi | ca | ti | sa |

TROVA IL NOME DELL'OGGETTO NELLA ZUPPA DI SILLABI E POI DISEGNALO

| al | be | ti | ro |

TROVA IL NOME DELL'OGGETTO NELLA ZUPPA DI SILLABI E POI DISEGNALO

| ca | na | no | ri |

TROVA IL NOME DELL'OGGETTO NELLA ZUPPA DI SILLABI E POI DISEGNALO

| a | be | pe | ro |

154

TROVA IL NOME DELL'OGGETTO NELLA ZUPPA DI SILLABI E POI DISEGNALO

| lu | be | ma | ca |

TROVA IL NOME DELL'OGGETTO NELLA ZUPPA DI SILLABI E POI DISEGNALO

| lu | me | la | ca |

TROVA IL NOME DELL'OGGETTO NELLA ZUPPA DI SILLABI E POI DISEGNALO

| cio | ge | la | to |

TROVA IL NOME DELL'OGGETTO NELLA ZUPPA DI SILLABI E POI DISEGNALO

| fio | re | la | to |

TROVA IL NOME DELL'OGGETTO NELLA ZUPPA DI SILLABI E POI DISEGNALO

| pal | lon | no | ci |

TROVA IL NOME DELL'OGGETTO NELLA ZUPPA DI SILLABI E POI DISEGNALO

| sa | ca | mion | ci |

TROVA IL NOME DELL'OGGETTO NELLA ZUPPA DI SILLABI E POI DISEGNALO

| gio | o | ro | lo |

TROVA IL NOME DELL'OGGETTO NELLA ZUPPA DI SILLABI E POI DISEGNALO

| sau | ro | di | no |

TROVA IL NOME DELL'OGGETTO NELLA ZUPPA DI SILLABI E POI DISEGNALO

| ma | ro | go | no |

TROVA IL NOME DELL'OGGETTO NELLA ZUPPA DI SILLABI E POI DISEGNALO

| pen | ro | go | na |

TROVA IL NOME DELL'OGGETTO NELLA ZUPPA DI SILLABI E POI DISEGNALO

| pe | la | go | na |

165

TROVA IL NOME DELL'OGGETTO NELLA ZUPPA DI SILLABI E POI DISEGNALO

de	la	ra	na

BONUS !

SCANZIONA IL CODICE QR PER SCARICARE GLI ESERCIZI CHE ABBIAMO PREPARATO PER TE

CERTIFICATO

COMPLIMENTI!

HAI COMPLETATO TUTTI GLI ESERCIZI METTENDOCI GRANDE IMPEGNO

Spero proprio che ti sia divertito a svolgere i nostri esercizi che sono stati pensati per favorire l'apprendimento stimolando la parte creativa per rendere l'apprendimento un divertimento.

Ti auguro di cuore di continuare la tua crescita nell'apprendimento con lo stesso entusiasmo che hai avuto nel portare a termine tutti gli esercizi di questo libro e ricorda che il futuro te lo costruisci tu con il tuo impegno.

GRAZIE DELLA FIDUCIA DIMOSTRATA ACQUISTANDO IL NOSTRO LIBRO.

Printed by Amazon Italia Logistica S.r.l.
Torrazza Piemonte (TO), Italy

54182916R00098